AF253478

# LES AÏSSÂOUA

## A

## TLEMCEN

PAR

Edmond DOUTTÉ

CHALONS-SUR-MARNE

MARTIN FRÈRES, IMPRIMEURS-ÉDITEURS

PLACE DE LA RÉPUBLIQUE, 50

—

1900

# Les Aïssâoua à Tlemcen

# LES AÏSSÂOUA

## A TLEMCEN

Par Edmond DOUTTÉ

MEMBRE CORRESPONDANT DE LA SOCIÉTÉ D'AGRICULTURE,
COMMERCE, SCIENCES ET ARTS DE LA MARNE

CHALONS-SUR-MARNE

IMPRIMERIE MARTIN FRÈRES, PLACE DE LA RÉPUBLIQUE, 50.

—

1900.

# LES AÏSSÂOUA [1]

## A TLEMCEN

Tout le monde connaît aujourd'hui, au moins de nom, les
Aïssâoua. Il n'est point de touriste qui, ayant visité l'Algérie
ou la Tunisie, n'ait assisté à leurs étranges exercices (2).
On a moins souvent occasion de voir les processions qu'ils
font en corps à diverses occasions et qui sont bien un des
spectacles les plus impressionnants auxquels on puisse
assister. Ces processions sont fréquentes dans les villes du
Maroc, où l'ordre des Aïssâoua est plus florissant qu'en
Algérie : dans ce pays, il n'y a guère que Tlemcen où ces

(1) Il faudrait, pour être correct, écrire « 'Isâoua »; mais nous
respectons l'usage.

(2) Cat, *L'Islamisme et les Confréries religieuses au Maroc*, in
*Rev. des D.-M.*, LXVIII⁰ ann.. 4⁰ pér. t. CXLIX, 2⁰ livr., 15 sept. 1898,
p. 400, donne sur les Aïssâoua quelques bonnes indications biblio-
graphiques, auxquelles nous renvoyons pour ne pas les répéter
ici. Les descriptions d'Aïssâoua sont innombrables. La plus bril-
lante est celle qu'a donnée Masqueray dans ses *Souvenirs et visions
d'Afrique*, 1 vol. in-18 jés., Paris, 1894, p. 123-151 et 153-167, où il ra-
conte avec ses rares qualités d'imagination, comment il faillit se faire
Aïssâouî. Les touristes pourront consulter la description donnée par
Desprez, *L'Hiver à Alger*, 4⁰ édit., 1 vol. in-18 jés., Alger, s. d.,
p. 193-208 et celle, plus scientifique, de Delphin, *Les Aïssâoua*, in
*Oran et l'Algérie en 1887, notices historiques, scientifiques et éco-
nomiques* (A. F. A. S.), 2 vol., Oran, 1888, t. I, p. 329-339. Mais

cérémonies aient gardé juqu'à nos jours tout leur carac-
tère. Les lignes suivantes sont extraites de notre registre
de notes où elles figurent à la date du 15 février 1899.
C'est la relation aussi exacte que possible des exercices des
Aïssâoua à Tlemcen à l'occasion de la fête appelée 'Aïd
eç-çeghir qui termine le jeûne du Ramadhân.

« ..... Dès le matin du deuxième jour de la fête, une
animation extraordinaire règne sur la route de Tlemcen à
Sîdî Boû Mdièn (Sidi Boumédine). Hommes, femmes,
enfants, s'en vont en pèlerinage. Ces derniers surtout avec
leurs costumes brillants, leurs petits bonnets pointus, leurs
vêtements d'étoffes de tulle lamées d'argent, leurs robes
aux couleurs voyantes et bariolées, donnent au paysage un
aspect véritablement féerique. Les morts ne sont pas ou-
bliés et le cimetière arabe est constellé de h'aïk blancs.
Mais la population se porte surtout vers le tombeau du
célèbre saint qui a donné son nom au village de Sidî Boû
Mdièn. Près de la source dite 'Aïn Ouenzoûta stationne une
foule immense. Là des marchands de gâteaux indigènes, de
limonade, de nougat se sont établis en plein vent. Un prestidigitateur marocain émerveille les badauds par ses tours de
passe-passe. Un peu plus loin, près de 'Aïn Boû Ish'aq, se
sont réunis les Aïssâoua : de là ils vont monter à pied jusqu'à Sidî Boû Mdièn.

le travail qui a servi de point de départ à tous les autres est celui
du capitaine de Neveu, dans son volume remarquable intitulé
*Les Khouan, ordres religieux chez les musulmans de l'Algérie*,
Paris, 1866, p. 67-110. Pour l'organisation de la confrérie, on con-
sultera Rinn, *Marabouts et Khouan*, 1 vol. Alger, 1884, p. 303-334
et Depont et Coppolani, *Les Confréries religieuses musulmanes*,
1 vol., Alger, 1867, 349-354. Pour les Aïssâoua du Maroc, l'inté-
ressant chapitre XXI du t. IV de Von Maltzan, *Drei Jahre im
Nordwesten von Afrika*, p. 264-280, et à lire ainsi que Quedenfeldt, *Abergl. u. relig. Brudersch. b. d. Marokk.*, in Z. f. Ethno
t. XVIII, 1886, p. 687.

Voici qu'ils se forment en procession : en avant marchent les porteurs des étendards et, immédiatement derrière, le moqaddem (chef) de l'ordre. Derrière celui-ci, une rangée de khouân (frères) barre le chemin : vêtus tout simplement de longues gandouras blanches, ils se serrent les uns contre les autres en se tenant par les mains et forment une bande de toute la largeur de la route qu'ils remontent lentement et à reculons. A sept ou huit pas, une autre bande semblable les suit, mais marchant en avant, de façon à faire vis-à-vis à la première. Ensuite vient la musique, puis deux autres rangées de khouân semblablement disposées ; derrière enfin des porteurs d'étendards ferment la marche.

Au son cadencé des *guellâl* et des *ghâït'a* (1), qui font rage, les khouân exécutent, sans cesser un instant, une sorte de danse qui consiste dans une simple inclination du buste, avec flexion des genoux, répétée indéfiniment au cri de : *Iâ llâh, iâ llâh,* (ô Dieu, ô Dieu), poussé rapidement et avec force sans s'interrompre une seule seconde pour reprendre haleine. Pendant ce temps, les porteurs d'étendards qui marchent devant et la foule chantent une formule religieuse qui se termine par les mots : *Moh'ammed h'abîb Allâh* (Mahomet est l'ami de Dieu).

Au devant des groupes de khouân qui chantent sans trêve sur le plus monotone des rythmes : *iâ llâh, iâ llâh,* le « djemel », le chameau, se livre à ses gambades et à ses fantaisies. Ce chameau n'est autre qu'un des khouân auquel on donne le nom de cet animal et qui ne cesse de l'imiter de toutes les façons. D'autres imitent la panthère, le chacal...., mais ici, c'est le chameau qui fixe toute l'atten-

(1) Guellâl : cylindre en terre à l'extrémité duquel est tendue une peau de chèvre munie d'une double chanterelle et sur laquelle on frappe. Ghâït'a : sorte de musette à anche. Cf. Delphin et Guin, *Notes sur la poésie et la musique arabes dans le Maghreb algérien*, 1 vol. in-16, Paris, 1886, p. 39 et 47.

tion (1). Tantôt il s'avance à quatre pattes en se contorsionnant la bouche comme un véritable chameau et en poussant le
cri bien connu de cet animal, tantôt il se lève en faisant des
éclats de voix effrayants. Parfois il s'arrête et tape du pied.
D'autres fois, il se roule par terre en frottant sa tête contre les
pierres. Il porte autour du cou un collier de coquilles d'escargots. On lui jette des feuilles de figuier de Barbarie : il
s'arrête et les dévore à belles dents en imitant avec ses joues
les mouvements des joues du chameau lorsqu'il mange. Il se
précipite sur les assistants et leur vole leurs chaussures en
possession desquelles ils ne peuvent plus rentrer qu'après
lui avoir donné quelque menue monnaie. Il faut dire ici
que, sur le passage de la foule, tous les musulmans retirent
leurs babouches : celui qui garderait ses chaussures risquerait d'être plus ou moins maltraité par une foule fanatique.

La procession marche naturellement avec une grande
lenteur : nous voici maintenant dans les petites rues du
village arabe de Sîdî Boû Mdièn ; les terrasses, les crêtes
des murs se garnissent de femmes et de petites filles qui
poussent les cris d'acclamation (*you*, *you*) bien connus
sous le nom de *zyhârît'*, mais qui, dans la ville de Tlemcen,
s'appellent exclusivement *ouelouâl*. On brûle de l'encens sur
le passage de la procession. La musique devient plus
bruyante et plus rapide. Le chameau pousse des cris assourdissants. De temps à autre, un des khouân se détache et
pousse des cris d'animaux en se roulant par terre. L'excitation religieuse est à son comble : c'est un inoubliable
spectacle.

Nous voici arrivés à une petite place : les khouân se
rangent de chaque côté et deux d'entre eux se détachent

______

(1) Il ne nous semble pas, jusqu'à plus ample informé, qu'il y
ait lieu de soupçonner là quoi que ce soit se rapportant au totémisme.

des autres et se mettent à danser. Le chameau s'est échappé et, avisant une porte qui est fermée, il se précipite dessus tête baissée en donnant avec son crâne de formidables coups de bélier.

Chemin faisant, nous sommes rejoints par les deux processions des khouân de l'ordre des Qâdriyya et des T'ayyibiyya ; les khouân Aïssâoua s'écartent pour les laisser passer ; les moqaddem de chaque ordre s'embrassent. Est-ce une illusion ? il nous semble voir dans les yeux de quelques membres de ces deux autres confréries un regard quelque peu dédaigneux pour leurs confrères Aïssâoua ; sans doute il y a entre les ordres quelque rivalité ; sans doute aussi les Qâdriyya et les T'ayyibiyya, plus instruits généralement, méprisent quelque peu les Aïssâoua à cause des pratiques grossières et des jongleries de bateleurs auxquels ils s'adonnent.

La procession reprend sa marche. Quelques khouân sont au paroxysme de l'exaltatation et tombent par terre dans une sorte de catalepsie. On leur ouvre la bouche qui semble raidie, pour souffler dedans, et ils paraissent revenir à eux. Enfin nous arrivons à Sîdî Boû Mdièn. Les khouân entrent dans la cour qui précède le tombeau du marabout et s'arrêtent en face de la grande porte qui conduit à la mosquée. Une cinquantaine de fillettes parées des couleurs les plus brillantes garnissent le grand escalier et forment un tableau ravissant. Les musiciens s'accroupissent au pied de l'escalier, les khouân se rangent le long des murs et les *iâ llâh, iâ llâh* continuent de plus belle. Deux khouân s'avancent et se mettent à danser une danse très animée en se faisant vis-à-vis. Tantôt ils s'accroupissent et se relèvent d'un seul bond ; tantôt ils font avec une grande rapidité des tours complets sur eux-mêmes, en relevant un peu avec leurs mains leur gandoura, de façon à la faire voltiger en tournoyant. La danse est souvent gracieuse, parfois avec une pointe de lasciveté. De temps à autre, un des khouân se

détache et vient devant l'orchestre se livrer à la danse que
nous décrivons plus loin.

Le retour s'effectue dans les mêmes conditions que l'aller :
seulement le moqaddem et les porte-étendards ne chantent
plus les mêmes formules. Nous entendons distinctement
leurs paroles :

*Iâ l-Meouçoûfou bi-l-kamâl, iâ l-'azîz, iâ rebbî,*

c'est-à-dire : « O toi que caractérise la perfection, ô Dieu cher,
ô mon Seigneur ! » Et la foule, à laquelle nous sommes
mêlés, répond en chœur :

*Iâ l- 'azîz, iâ dzâ l-djelâl, iâ llàh, iâ llâh,*

c'est-à-dire : « O Dieu cher, ô Tout-Puissant, ô Allâh, ô
Allâh ! ».

A six heures du soir, il y a *h'adhra*, c'est-à-dire séance,
dans la maison de la confrérie, à Tlemcen. Nous y assistons
en compagnie de l'administrateur-adjoint détaché à la sous-
préfecture pour le service des Affaires Indigènes (1). Les
khouân se rangent le long du mur et les *iâ llâh, iâ llâh*
recommencent. Un d'eux s'avance au milieu du cercle et
l'on apporte une tige de fer pointue emmanchée dans un
manche en bois court, gros et orné de cuivres ; la
pointe n'est pas très acérée. Le frère, — c'est un vieux à
barbe toute grise, — se déshabille. On passe plusieurs fois
l'instrument au-dessus d'un réchaud où brûle de l'encens,
et on le lui donne. Il se l'enfonce de plusieurs centimètres
sous la peau du ventre, pendant qu'un autre frappe sur la
tête de l'outil avec une petite massue de bois : mais on sent
qu'il ne donne que des coups modérés. Lorsque le poignard
est retiré on aperçoit une plaie, assez grande, mais qui ne
saigne pas. — Un jeune homme maintenant s'avance au
milieu du cercle et se déshabille : c'est un jeune et beau

(1) M. Venisse, à qui nous sommes redevable d'intéressantes
communications.

garçon bien bâti. On lui donne des coups de sabre sur les bras et sur le ventre, coups qui n'entament pas la chair, mais qui laissent, comme traces, de longues zébrures rouges. Notre jeune homme se couche, on lui place la lame de sabre sur le ventre et un des khouân monte dessus. Des cris d'acclamation sortent aussitôt des galeries supérieures et des terrasses voisines, d'où les femmes regardent les exercices des Aïssâoua. — Voici maintenant un autre Aïssâoui qui se présente : on allume des bottes d'alfa, il se les passe sous les bras et se les fait promener dans le dos. Tout cela sent un peu le charlatanisme.

Le jeune homme qui s'est fait donner d'inoffensifs coups de sabre revient et se place dans la musique qui redouble de vigueur : c'est un vacarme effroyable. Là, il commence à danser en rejetant violemment sa tête en arrière et en la ramenant brusquement vers la terre au-dessus d'un petit réchaud d'encens dont il aspire énergiquement le parfum. Ses mouvements deviennent de plus en plus saccadés, sa face se congestionne. On le saisit pour le soutenir par derrière les reins et alors, il redouble ses mouvements désordonnés ; chaque fois qu'il se relève, on dirait qu'il veut lancer sa tête dans les airs. Ce n'est plus seulement sa tête, c'est son corps tout entier qui s'agite désespérément, ses bras qui, à chaque saut, se dressent vers le ciel, sa longue chevelure déployée qui, lancée en avant, puis en arrière vient alternativement battre ses reins et ses genoux. Ses yeux semblent sortir de leurs orbites, il atteint le faîte de l'exaltation et tombe comme une masse, inanimé, les membres raidis. Pendant ce temps la danse du chœur s'est accélérée : les uns se roulent frénétiquement par terre ; d'autres tombent évanouis et on les emporte ; c'est un spectacle démoniaque : Il se peut qu'il y ait là-dedans de la simulation ; mais il y a aussi de la sincérité et il se produit certainement un grand nombre de phénomènes d'hypnose. D'ailleurs il est impossible de se secouer pendant dix minutes comme l'a fait ce jeune homme sans être anéanti. Si l'on tient compte que ces gens dansent depuis midi, tête nue, sous le soleil, sans avoir pris de repos, on ne s'étonnera pas qu'ils arrivent à se trouver dans des états tout à fait anormaux. Quant aux tours exécutés dans la première partie de la h'adhra, ils sentent un peu trop le bateleur. Somme toute la h'adhra est un spectacle beaucoup moins impressionnant que la procession.

Le troisième jour de la fête, les Aïssâoua, ainsi que les Qâdriyya et les T'ayyibiyya se rendent en pèlerinage à 'Aïn el-H'oût, à 6 kilomètres de Tlemcen. La procession des Aïssâoua se forme près de la source où nagent des poissons sacrés (1) et se poursuit comme celle de Sîdi Boû Mdièn.

(1) Voici la naïve légende de ces poissons telle que la rapporte l'abbé Bargès, *Tlemcen*, 1 vol., Paris, 1859 : « ....... Djafar, fils d'un roi de Tlemcen, courant un jour une gazelle, parvint jusqu'à la délicieuse oasis d'Aïn-el-Hout. La fille du seigneur de l'endroit se baignait en ce moment sur le bord de l'Etang. Surprise et poursuivie par Djafar, c'est en vain qu'elle lui demandait grâce, Djafar ne voulait écouter que la passion qui le transportait. Aïcha, c'est le nom de la jeune fille, se voyant sur le point d'être saisie, plongea sans hésiter dans les profondeurs de l'onde où elle resta métamorphosée en poisson aux couleurs mélangées d'or, de nacre et d'argent. Telle est l'origine du nom que porte la localité (et qui signifie *fontaine des poissons*) ». On trouvera d'autres exemples de sources contenant des poissons sacrés dans Mouliéras, *Maroc Inconnu*, ii, p. 187, p. 403. — Sur les marabouts de 'Aïn el-H'oût, cf. Brosselard, *Les inscriptions arabes de Tlemcen*, in Rev. Afr., vi⁰ ann., n° 31, janv. 1862, p. 11 seq.

C'est ici le lieu de rappeler les fameux poissons sacrés qui vivent dans la piscine de la mosquée d'Edesse, transformée en église. On sait aussi le rôle considérable que le poisson a joué comme symbole du christianisme et l'espèce de vertu cabalistique attribuée si souvent au mot ἰχθύς dont chaque lettre est la première d'un des mots de l'expression : Ἰησοῦς Χριστὸς Θεοῦ υἱὸς Σωτηρ. Cf. la mention du poisson fourni par Nestis à Aberkios dans l'inscription de ce nom où l'on hésite encore à voir un monument chrétien on gnostique (Dieterich, *Die Grabschrift des Aberkios*, Leipzig, 1895, in-12.

Cependant les musulmans semblent être un peu moins tolérants : ils sont plus loin des villes et se sentent plus chez eux, malgré les deux gendarmes qui, pour la circonstance, représentent l'autorité à 'Aïn el- H'oût. En outre il y a une partie des khouân d'aujourd'hui qui sont originaires du village et sans doute plus fanatiques que leurs confrères tlemcéniens.

Au milieu du chemin, un généreux dévot fait jeter devant les Aïssâoua un bouc égorgé, tel quel, sans être ouvert. Aussitôt quinze ou vingt khouân se jettent à quatre pattes, se précipitent sur le corps de l'animal, se poussant les uns les autres et, avec les ongles et les dents, l'ouvrent et s'arrachent les entrailles sanglantes qu'ils dévorent à belles dents. Les intestins se déchirent, les excréments se répandent sur les viscères, une odeur fade et nauséabonde se répand : rien n'arrête ces forcenés qui s'excitent mutuellement, la barbe sanglante, et déchiquètent à belles dents cette viande souillée par les excréments. Peau, foie, cœur, poumons, trachée, intestins, tout est dévoré en un clin d'œil : c'est la plus horrible curée que l'on puisse rêver.

Après une visite au marabout de 'Aïn el-H'oût, le retour s'effectue dans les mêmes conditions. On s'arrête devant la maison où demeurent les descendants du marabout ; les étendards s'inclinent en s'agitant à droite et à gauche en signe de respect. Une nouvelle victime va être offerte à la répugnante et sainte voracité des Aïssâoua ; mais, peu désireux d'assister une deuxième fois à ce dégoûtant spectacle, nous quittons les lieux auparavant, pour rentrer à Tlemcen ».

Les processions des Aïssâoua de Tlemcen ne sont cependant qu'un pâle reflet des cérémonies analogues qui ont lieu au Maroc. A Méquinez, par exemple, ville où est enterré le fondateur de l'ordre, Sîdî Mh'ammed ben 'Aïssa. les Aïssâoua sont, dans ces circonstances, les maîtres absolus de la ville et leurs manifestations fanatiques constituent,

paraît-il, le spectacle le plus diabolique qui se puisse ima-
giner. On s'en fera une idée par la description suivante,
due à la plume habile d'un artiste observateur, d'une procession d'Aïssâoua à Tanger, où ces sectaires sont cependant
beaucoup moins farouches que dans l'intérieur du pays :

« Il y avait deux files d'hommes, se faisant face les uns
aux autres, vêtus de manteaux et de longues chemises blanches, se tenant par les mains, par les bras et par les épaules
et sautant sur les pieds en cadence, se balançant, remuant
la tête en avant, en arrière ; et il s'élevait de cette foule
comme un murmure sourd et haletant et ininterrompu de
gémissements, de râlements, de souffles et d'interjections
d'épouvante et de rage. Seuls, les démoniaques de Rubens,
les Morts ressussités de Goya, et le Moribond galvanisé de
Poë pourraient donner une idée de ces figures. Il y avait des
faces livides et convulsives, avec les yeux hors des orbites
et la bouche souillée d'écume ; des visages de fiévreux et
d'épileptiques ; quelques-uns illuminés par un sourire indé-
finissable, d'autres qui ne montraient que le blanc des
yeux, d'autres contractés par un spasme atroce ou pâles et
immobiles comme la figure d'un cadavre. De temps à autre,
se faisant les uns aux autres un geste étrange avec les bras
ballants, ils jetaient tous ensemble un cri strident et doulou-
reux, comme quelqu'un qui recevrait un coup mortel. Puis
ils s'avançaient de quelques pas et recommençaient la
danse, gémissant, soufflant avec colère, et alors on voyait
une ondulation de capuchons, de grandes manches, de
tresses, de houppes, de chevelures désordonnées, séparées
en longues mèches bouclées, qui semblaient des têtes
coiffées de serpents. Quelques-uns, plus inspirés, allaient
entre les deux files, titubant comme des ivrognes, battant
les murs et les portes. D'autres, comme ravis en extase,
marchaient droit, graves, le visage levé, les yeux à demi
fermés, les bras abandonnés. Quelques-uns, harassés, qui
ne pouvaient plus ni crier ni se diriger, étaient soutenus

sous leurs bras par leurs compagnons, et ballottés comme
des cadavres à travers la foule. La sarabande devenait de
plus en plus désordonnée et les cris plus assourdissants.
C'étaient des balancements de tête à se luxer les vertèbres
du cou et des râlements à se rompre la poitrine. De tous les
corps, ruisselant de sueur, montaient des émanations nau-
séabondes, comme d'une ménagerie. Chaque fois qu'un de
ces visages contorsionnés se levait vers notre terrasse et
fixait ses yeux hagards sur les miens, je détournais la
tête instinctivement............. Et ils continuaient à
passer, serrés, pâles, échevelés, prononçant d'une voix sup-
pliante des mots entrecoupés, dans lesquels s'exhalait leur
vie. Un vieillard chancelant, une image du roi Lear en
démence, se détache de la file et se précipita, comme pour
se briser le crâne contre la muraille ; ses compagnons le
retinrent. Un jeune homme tomba raide, privé de ses sen-
timents. Un autre, avec ses cheveux pendant sur les épaules,
la figure cachée dans ses mains, marchait à grands pas,
courbé jusqu'à terre, comme un maudit de Dieu. Il passa
des bédouins, des maures, des berbères, des nègres, des
géants, des momies, des satyres, des faces de cannibales,
de saints, d'oiseaux de proie, de sphinx, d'idoles hindoues,
de furies, de faunes, de diables. Ils pouvaient être trois ou
quatre cents. En moins d'une heure ils défilèrent tous ; les
dernières étaient deux femmes (car les femmes aussi peuvent faire partie de l'ordre), deux figures d'enterrées vives
qui ont soulevé la pierre de leur tombe, des squelettes ani-
més, vêtus de blancs, avec les cheveux retombant sur le
visage, les yeux grands ouverts, la bouche blanche d'écume,
à bout de forces, mais encore animées d'un mouvement
inconscient, et qui se contortionnaient, hurlaient et
retombaient épuisées ; et, avec elles, un vieillard gigan-
tesque, une figure de nécromancien, centenaire, vêtu d'une
longue chemise et qui, allongeant deux longs bras cadavé-
riques, posait la main sur la tête, tantôt de l'une, tantôt de

l'autre, en signe de protection, et les aidait à se relever. Derrière ces trois spectres se précipitait une foule d'Arabes armés, de femmes, de mendiants, d'enfants ; et toute cette barbarie, cette fureur, cet horrible mélange de misère humaine, arriva sur la place puis disparut (1) ».

On comprend en lisant la description de semblables scènes qu'un grave ecclésiastique comme l'abbé Godard, à qui l'on doit d'estimables travaux sur le Maroc, ait été jusqu'à écrire les mots suivants : « Il est possible, du reste, que les démons se mêlent quelquefois et dans une mesure que déterminent les théologiens, à ces fêtes d'Aïssaoua, d'un aspect vraiment diabolique (2) ». La description suivante, œuvre d'un distingué fonctionnaire des Affaires indigènes (3) qui a bien voulu la rédiger à notre intention, eût sans doute été de nature à confirmer l'abbé Godard dans ses soupçons. Il s'agit des danses auxquelles se livrent les khouâtât (4) de Sidi Mh'ammed ben 'Aïssa, c'est-à-dire les femmes affiliées à l'ordre, à l'occasion de la oua'da (5) de Si Moh'ammed ben Belqâcem, dans la commune mixte de Boghari (sud du département d'Alger).

« Sur un petit mamelon roux resplendit, dans sa blancheur de lait de chaux, la qoubba (6) dédiée au vénéré mara-

(1) De Amicis, *Le Maroc*, 1 vol., Paris, 1882, p. 56 seq.

(2) Godard, *Description et histoire du Maroc*, 2 vol. in-8, Paris, 1860 ; t. ɪ, p. 102 et ap. Delphin, *loc. cit.*, p. 330.

(3) M. Chambige, administrateur de commune mixte, chargé des Affaires Indigènes à la Préfecture d'Oran, que nous aimons à remercier ici de sa gracieuse communication.

(4) Depont et Coppolani, *Les Confréries religicuses musulmanes*, 1 vol. Alger, 1897, p. 353, recensent seulement 33 femmes affiliées aux 'Aïssâoua en Algérie. Mais il est évident que le nombre doit en être plus élevé.

(5) Repas en l'honneur d'un marabout.

(6) *Qoubba*, coupole blanche qui surmonte les sanctuaires des marabouts. Prenant la partie pour le tout, on emploie le mot qoubba lui-même pour désigner le sanctuaire.

bout d'El H'amel (1), le cheikh Si Moh'ammed ben Belqâcem. La fête bat son plein. Dans ce coin, hier désert, s'agitent, s'entre-croisent, s'interpellent des milliers d'hommes et de femmes ; fourmilière joyeuse, bruyante et affairée. Devant, l'immensité flamboyante de la plaine aride ; l'atmosphère lumineuse vacille vers l'horizon et, çà et là, dans le lointain, c'est des lacs imaginaires, des arbres fantômes s'agrandissent, se transforment, disparaissent pour frapper de nouveau, sur un autre point, les yeux clignotants, étonnés.

Les cavaliers s'enivrent de galops furieux, et de coups de fusil. Le t'a'âm (couscous) se prépare, qu'on servira dans d'immeuses plats en bois autour desquels tous les malheureux accourus en grand nombre seront invités à s'asseoir. Au milieu d'un groupe, des fillettes, un grand voile sur la tête, dansent discrètement, mettant infiniment de grâce dans les mouvements ondulés des bras en croix à l'extrémité desquels se balancent, avec des frémissements d'ailes, les mains rougies de henné (2).

Mais derrière la qoubba, c'est un bruit assourdissant de *bendaïr* et de *derboûka* (3) ; la foule est si compacte qu'il nous faut grimper sur un petit mur pour satisfaire notre curiosité. Le spectacle est poignant.

Une, puis deux, puis trois vieilles femmes de la confrérie des Aïssaoua, à face parcheminée, les vêtements ouverts,

---

(1) Sur ce célèbre marabout, chef actuel d'une zâouia très influente de l'ordre des Rah'mâniyya, voy. Depont et Coppolani, *op. laud.*, p. 406, et A. Robert, *L'Arabe tel qu'il est*, 1 vol. Alger, 1900, p. 65. Le catalogue des manuscrits de la zâouia a été donné par R. Basset, in *Giorn. d. Soc. asiat. ital.*, dec°. 1897, p. 43-97.

(2) Il faut qu'on sache bien qu'en dépit des exhibitions tapageuses qui se font dans les capitales d'Europe, « la danse du ventre » reste pour l'immense majorité des algériens une danse de mauvais lieu. Elle est l'apanage d'une minorité de citadins.

(3) Bendaïr, tambour de basque sur lequel est tendue une chanterelle ; derboûka, cylindre en terre renflé, tendu d'une peau de chèvre. Cf Delphin et Guin, *op. laud.*, p. 37 et 43.

livrant aux regards des seins flétris, secoués sur le torse amaigri, dansent.... non, s'agitent, s'élèvent en cadence sur la pointe des pieds et retombent lourdement sur les talons, imprimant au corps, de bas en haut, une secousse qui fait ballotter toutes les chairs jusqu'à la tête lourde, abandonnée, roulant sur les épaules comme celle d'un cadavre. Les musiciens précipitent leurs battements sourds, excitant les vieilles. Elles, suivent le mouvement devenu désordonné. L'une perd sa coiffure et, brusquement, des cheveux gris, collés en mèches huileuses, balayent un visage horriblement figé dans une expression terrible. Oh ! les yeux de cette vieille, yeux de folle, démesurement ouverts, qu'on aperçoit par instants sous la chevelure balancée !...

Et toujours, un grand frisson qui la fait vibrer. Ses vêtements glissent, son torse hideux, bronzé, zébré de cicatrices plus pâles, ruisselant de sueur et subitement nu. Une femme se détachant du cercle formé par les spectateurs lie solidement les hardes dégrafées autour des reins de la vieille qui, toujours secouée des pieds à la tête, n'a pas un mouvement de pudeur pour retenir ses vêtements sur le point de glisser à terre.

Un lambeau d'étoffe est jeté sur ses épaules, elle écume, ses jambes vacillantes cèdent sous le poids du corps, c'est fini. A bout de forces, elle tombe comme une masse, les traits crispés, continuant à agiter ses membres dans un tremblement convulsif, loque informe qu'un indigène tire par les pieds en dehors du groupe, et là, lui jette dans la bouche une pincée de poudre de chasse qu'elle semble mâcher avec délices, lui chuchote à l'oreille des paroles dont l'effet est magique, car le tremblement du corps diminue, les traits se détirent, le regard devient extatique, et la vieille enfin repose.

Une autre a pris sa place devant les musiciens, plus âgée encore ; ses sourcils blancs mal dissimulés sous le kh'ol, sa bouche sans dents dont les coins sont abaissés lui donnent une expression sinistre. Aux tresses de laine brune qui simulent des cheveux au-dessus de ses oreilles, sont fixés deux énormes anneaux d'argent qui frappent ses joues chaque fois que, dans les mouvements rythmiques, ses talons heurtent le sol ; et la tête, comme trop pesante, roule perpétuellement, le menton frappant la poitrine. Tout à coup, elle sort de son sein une couleuvre fraichement tuée, elle la brandit au-dessus de sa tête, au bout d'un bras décharné, bientôt rougi du sang du reptile et elle frotte cet animal repoussant sur son visage, que le sang colore aussi. Elle s'anime, pousse des cris inarticulés, des rugissements de bête et roule à terre frémissante, imprimant au serpent le tremblement qui l'agite..... »

Le fondateur des Aïssaoua habitait, nous l'avons dit, Méquinez (en arabe Miknâsat ez-zîtoûn) ; il s'appelait Aboû 'Abdallâh Mh'ammed (1) ben 'Aïssa el-Fahdî es-Sofiânî el Mokhtârî. Sa filiation était, d'après le *Salouat el-Anfâs* (2) : Mh'ammed ben 'Aïssâ ben 'Amir ben 'Omar ben 'Amr ben H'arìz ben Mah'roùz ben 'Abd el-Moûmin ben 'Aïssa Abou s-Sebâ', le chérif qui descendait lui-même par Idrîs, de H'asan es-Sibt' le petit-fils du Prophète. « Il y a , disait-on, trois cheikhs sans rivaux dans le Maghrib, Mh'ammed ben 'Aïssa, Aboù Moh'ammed 'Abdallâh el Ghezouânî (3) et Aboû Moh'ammed 'Abdallâh el Hebt'î (4) ». La confrérie qu'il

(1) Les lettrés musulmans et l'administration algérienne écrivent Mah'ammed (Cf ma note in *Rev. Hist. Rel.*, XXIᵉ ann., t. XLI, nᵒ 1 Janv.-Févr. 1900, p. 42, n. (1).

(2) Moh'ammed ben Dja'far ben Idrîs el Kettânî, *Kitâb Salouat el-Anfâs oua mah'âdits el-akyâs biman ouqbira fî l'oulamâi oua ç-çoulah'âï bi-Fâs*, 3 vol. in-4ᵒ, Fez, 1316 H. ; t. i, p. 186.

(3) Cf sur ce personnage, mort en 935 H (1528-1529 de J. C.) et enterré à Maroc, Ah'med ben Khâlid en-Nâcirî 's-Slâouî, *Kitâb-el-istiqçâ li-akhbâr douwal el mahrib el-aqçâ*, 4 vol., Caire, 1304, t. ii, p. 172 et 182.

(4) Cf sur ce cheikh, mort en 963 H (1555-1556 de J. C.) et enterré aux environs d'Ech-Chaoun (Chefchaouen des auteurs arabe, Che˙

fonda dérive de celle des Djazouliyya et des Châdzilyya (1).
Il eut pour maîtres, d'après l'auteur du *Salouat el-Anfâs*,
le cheikh Aboû l-'Abbas Ah'med ben'Omar el H'âritsî es-
Sofiânî le cheikh Aboû Moh'ammed 'Abdel'azîz et-
Tebbâ' (2), et aussi Eç-Ceghîr es-Sahli et surtout El
Djazoûlî (3). Il mourut en l'an 914 de l'Hégire (1508-1509
de J.-C.) d'après les uns (4), vers 940 (1533-1534 de J.-C.,
d'après les autres (5). Il est enterré en dehors et à l'ouest
de Méquinez : son tombeau est extrêmement fréquenté et
attire chaque année, à l'occasion de la fête de la Nativité
du Prophète un immense concours de pèlerins (6).

La légende a naturellement orné la biographie de Sîdî
Mh'ammed ben 'Aïssa des détails les plus merveilleux. Il
était si pauvre qu'il n'avait même pas de pain à donner à

chaouen des Européens) et sur son fils Aboû 'Abdallah Moh'ammed el Hebt'î, Moh'ammed ben et-Tayyib et Qâdirî, *Nachr el
Matsânî*, 2 vol. Fez, 1310 ; t. i, p. 18 et le *Salouat el-anfâs*, t. i,
p. 268, ainsi que le *Kitbâ el-Istiqçâ*, t. 3 p. 41.

(1) Cf sur ces confréries Depont et Coppolani, *Confr. rel. mus.*,
p. 443 et 455.

(2) Probablement le même qui est appelé Aboû Fâres dans le
*Kitâb el Istiqçâ*, t. ii, p. 172 et qui est donné comme disciple d'El
Djazoûli et enterré à Maroc. Il mourut en 912 H (1506-1507 de
J. C.).

(3) Aboû 'Abdallâh Moh'ammed ben Soleîmân ben Aboû Bekr
et Djazoûlî, mort d'après le *Kitâb el-Istiqçâ*, t. ii, p. 161, en 870 H
(1465-1466 de J. C.), auteur du célèbre recueil de prières intitulé :
*Dalâïl et Kheirât*. Sur ce personnage et son œuvre, voy. R. Basset,
*Notice sommaire des manuscrits orientaux des deux bibliothèques
de Lisbonne*, Lisbonne, 1894, in-8°, p. 8, oû l'on trouvera des réfé-
rences.

(4) *Salouat el-anfâs*, loc. cit.

(5) *Kitâb el Istiqçâ*, ii, p. 172, in fine.

(6) Une biographie assez étendue de Sîdî Mh'ammed ben 'Aïssa
se trouve dans le *Do uh'at en-nâchir li-mah asin man kâna bi-l-
maghrib mïn machâikh el-qarn el.'âchir*, Fez, 1309, in-8° par
Aboû Abdallah Moh'ammed ben Mesbâh', surnommé Ibn 'Asker.

sa famille. Sa piété y pourvut : suivant la remarque spiri-
tuelle de Von Maltzan, les saints musulmans aiment mieux
louer Dieu que de travailler (1). Tous les jours pendant
qu'il priait à la mosquée, un inconnu portait à manger à sa
famille ; plus tard sa femme, tirant de l'eau, retirait du
puits des pièces d'or. Il avait rapidement formé dans Méquinez cent disciples : voulant les éprouver, il les convoque
le jour de la fête de 'Aïd-el-Kebîr (2), époque à laquelle il
est d'usage, dans chaque famille arabe, de sacrifier un
mouton. Il leur annonce qu'il va les égorger cette fois eux-
mêmes en sacrifice : l'un d'eux s'offre, Sîdî Mh'ammed ben
'Aïssa l'entraine dans sa maison et égorge un mouton ; les
autres qui voient le sang ruisseler au dehors croient que
leur frère a été égorgé. Trente-huit autres disciples, plus
un juif qui se convertit à cette occasion, s'offrent à leur
tour en holocauste. et pour chacun d'eux Sîdî Mh'ammed
use du même statagème. C'est ainsi que le cheikh reste avec
quarante disciples éprouvés. Cependant il portait ombrage
au sultan qui se nommait alors, dit-on, Moûlay Ismâ'il (3) et
qui l'exila de la ville. Alors le saint propose au sultan de
lui acheter un royaume ; celui-ci croyant la chose impossible
accepte en fixant comme prix une somme énorme qu'il
croit Ben 'Aïssa incapable de payer. Mais, ô prodige, celui-
ci fait tomber des branches d'un arbre une pluie de pièces
d'or qui représentent le triple du prix convenu. Cependant

(1) Von Maltzan, *Drei Jahre im Nordwesten von Afrika*, iv, p.
265.

(2) C'est la fête qui s'appelle en Orient Beïràm. On l'appelle
encore 'Aïd el- Adhh'a, 'Aïd el-Qorbân, c'est-à-dire la fête du
sacrifice, parce que ce jour-là, qui est le 10 du mois de Dzoû l-
H'iddja, les pèlerins de la Mecque sacrifient une victime à Minâ.
On fait de même ce jour-là dans tout l'Isla'm.

(3) Il ne peut s'agir ici du chérif généralement connu sous ce
nom et qui régnait à la fin du xvii° siècle. Rinn, *Marabouts et
Khouân*, p. 305, dit qu'il s'agit d'un souverain mérinide, mais
nous n'en connaissons pas de ce nom,

le saint rend au sultan son royaume en stipulant seulement que tous les ans, à l'occasion de la fête d'El Moûloûd (1) les seuls 'Aïssâoua auront le droit de circuler dans les rues de Méquinez pendant plusieurs jours. Cette convention n'a cessé, dit-on, d'être observée et tous les habitants de la ville se seraient faits 'Aïssâoua pour se soustraire à la défense qui leur était faite : il est certain qu'encore aujourd'hui lors de leurs grandes processions, les 'Aïssâoua sont, pendant plusieurs jours, les maîtres de Méquinez (2). Naturellement Sîdî Mh'ammed ben 'Aïssa s'adonna pendant toute sa vie aux pratiques les plus ascétiques : on dit que son seul luxe était de coucher sur une peau de panthère. Cette précieuse dépouille existerait encore : la zâouia (couvent des 'Aïssâoua du douar-commune Ouzâra (commune mixte de Berrouâguia), au sud d'Alger, serait actuellement en possession de cette relique (3).

Après Sîdî Mh'ammed ben 'Aïssa, la confrérie eut pour grand maître le célèbre Aboû r-Rouaïn el Mah'djoûb, cet extraordinaire illuminé qui morigénait les sultans eux-mêmes et que ceux-ci ménageaient obligés qu'ils étaient de tenir compte de la vénération en laquelle le peuple le tenait. Actuellement le chef de la confrérie se nomme El H'âdj Abdelkheïr : il réside naturellement à Méquinez (4). En Algérie la confrérie compte, d'après Depont et Coppolani, 3,600 affiliés. Les 'Aïssâoua sont également nombreux en Tunisie : ils ne sont presque pas répandus en Orient.

---

(1) Régulièrement « Maoulid en-nabî », la nativité du Prophète qui tombe le 12 du mois de Rabî' el-awwal, que les Africains appellent mois d'El Moûloûd.

(2) La légende de Sîdî Ben 'Aïssa est rapportée en détail dans l'ouvrage du capitaine de Neveu, *Les Khouan*, p. 67-85, que tous les auteurs postérieurs ont mis à contribution. Malheureusement il ne cite pas la source de ses informrtions.

(3) Depont et Coppolani, *Confréries religieuses*, p. 351-352.

(4) Voy. sa biographie dans le *Douhât en-nâchir*, p. 60 seq.

Leurs adhérents se recrutent surtout parmi les classes infé-
rieures de la population : à Tlemcen, nous connaissions de
vue la plupart des individus qui figuraient dans les cérémonies des 'Aïssâoua. Ce n'étaient point des vagabonds ou
des gens sans moyens d'existence : tous étaient pourvus d'un
métier qu'ils exerçaient journellement (1). Il y avait parmi
eux des cafetiers, des garçons bouchers, des cordon-
niers............. Ces natures simples finissent par se
complaire dans les extases où les amènent inévitablement
les exercices de danse et de chants auxquels ils se livrent et
qui sont du reste merveilleusement combinés pour amener
ceux qui s'y appliquent dans des états plus ou moins voisins
du sommeil hypnotique : aussi appelle-t-on ces pratiques
en arabe *idjdzâb*, c'est-àdire « entraînement à l'extase » (2).
Non seulement les femmes, mais des enfants peuvent faire
partie de la confrérie. Pendant la h'adhra que nous avons
décrite plus haut, nous avons pu voir des enfants de cinq
à six ans qui prenaient part à l'idjdzâb, et c'était pitié de
voir ces jeunes corps se trémousser, ces figures d'enfant se
contracter à côté des vieux 'Aïssâoua d'aspect vraiment
satanique.

Ce n'est pas ici le lieu de décrire l'organisation de la confrérie, ses doctrines mystiques, le dzikr (oraisons suréroga-
toires) que doivent chaque jour réciter les affiliés (3). Nous
n'osons dire que tous les khouân récitent exactement toutes
ces prières qui comprennent pour chaque jour plus de 4,000
bismillah (4), 3,000 çalât 'ala n-nabî (5), 2,500 taouh'îd (6),

(1) Contra : Depont et Coppolani, *Confréries religieuses*, p. 352.

(2) Von Maltzan, *Drei Jahre.....*, IV, p. 276.

(3) On trouvera sur tout cela de longs détails dans Rinn, *Marabouts et Khouan*, chap. XXI.

(4) Formule : « Au nom du Dieu clément et miséricordieux ».

(5) Formule : « Que Dieu bénisse et sauve notre Seigneur Mo-
h'ammed ».

(6) Formule : « Il n'y a de divinité que Dieu, et Moh'ammed et
son prophète ».

2,000 h'aouqala (1), 3 à 4,000 autres formules analogues, 2,000 récitations de la fâtih'a (2), 2,000 récitations de la sourate qui commence par : «Dis : il est le Dieu unique » (3) et 5 longues prières spéciales ! En cela, du reste, les 'Aïssâoua offrent les plus grandes analogies avec les autres confréries mystiques de l'Afrique du Nord.

Les 'Aïssâoua sont surtout connus par leurs jongleries ; celles que nous avons décrites plus haut ne sont pas les seules auxquelles ils se livrent et ils font souvent plus fort que cela. Leurs exercices les plus habituels consistent : à manier impunément, à manger du verre pilé, des tessons de bouteilles, des clous, des feuilles de figuier de Barbarie avec leurs épines ; à s'enfoncer un poignard dans la peau du ventre ou des joues ; à mettre un fer rouge sur leur langue ou sur leurs pieds. Ils se vantent aussi de manger sans danger tous les poisons et s'attribuent la puissance de guérir les personnes empoisonnées ou mordues par des animaux venimeux et, en général, tous les malades. Ils racontent à cette occasion, qu'un jour Sîdî 'Aïssa était en course avec ses disciples : comme ils n'avaient rien à manger et qu'ils se plaignaient de la faim, le saint leur dit : « Mangez du poison ». Aussitôt ils se mirent à chercher des vipères et des scorpions et avec eux ils apaisèrent impunément leur faim. Depuis cette époque les 'Aïssâoua ont gardé le privilège d'être insensibles à tous les venins et à tous les poisons.

Les 'Aïssâoua ne sont pas la seule confrérie religieuse qui attire par des jongleries la curiosité des foules ; il faut encore citer à côté d'eux, dans l'Afrique du Nord :

En Tunisie, les 'Aroûsyya, confrérie qui date d'un siècle à peine et qui a aussi quelques représentants dans l'Est de

_________

(1) Formule : « Il n'y a de force et de puissance qu'en Dieu ».
(2) Première sourate du Coran.
(3) CXII° sourate du Coran.

l'Algérie (1) ; dans le département de Constantine, les Boû 'Allyya, relativement peu importants (2).

En Algérie, les 'Ammâryyîn ont été connus de tout temps pour les émules des 'Aïssâoua (3).

Au Maroc enfin, à côté des 'Aïssâoua, pullulent des confréries qui se livrent à des pratiques analogues : les H'amadcha (4), qui se frappent la tête avec des hallebardes et des haches de diverses formes ; les Deghoûghiyyîn, descendus d'un marabout apparenté aux H'anadcha reçoivent des boulets de canon sur la tête ; les Djennâoua, confrérie de nègres fondée par un certain Sîdî Mîmoûn (sans doute de Djenné), se livrent aux danses échevelés familières à leurs compatriotes ; les Ghâziyyîn, du Tafilelt, qui sont assez nombreux à Rabat, avalent des charbons ardents ; les Meliâiyyîn, de Méquinez, se livrent aux mêmes exercices ; les Çâdiqiyyîn, des oasis du Drâ, se frappent violemment la tête les uns contre les autres ; les Riâh'in s'enfoncent dans le ventre des couteaux sans que le sang coule (5).....

.......... Enfin, il faut mentionner surtout les célèbres acrobates connus sous le nom d'Oulâd Sîdî H'ammed Ou Mousâ, dont les troupes parcourent non seulement l'Afrique du Nord, mais encore les capitales européennes. Répandus dans le Soûs marocain et surtout dans le Tazeroualt, ils forment une sorte de confrérie placée sous le patronage de Sîdî H'ammed Ou Mousâ, l'ancêtre des souve-

(1) Depont et Coppolani, *op. laud.*, p. 339 seq.

(2) Id., *id. op.*, p. 354.

(3) Coppolani, *Confrérie religieuse de Sidi 'Ammâr ben Senna*, 1 vol. Alger ; Depont et Copp., *op. laud.*, p. 356 seq.

(4) Telle est l'orthographe donné par Mouliéras, *Maroc inconnu*, ii, 128 ; Quedenfeldt, *loc. cit.*, dit H'amadcha (sing. H'amdoûchi) et leur donne pour patron Sîdî 'Ali bel H'amdouch, du Djebel Zerhoûn.

(5) Quedenfeldt, *loc. cit.*, Depont et Coppolani, *Confr. rel.*, p. 367, citent seulement les H'amadcha et les Doghoûgìggîn.

rains du royaume de Sìdì Hichâm (1). Ce sont des artistes ambulants qui ont fourni en Allemagne à M. Stumme les éléments de ses remarquables travaux sur le dialecte chelh'a du Tazeroualt.

On tombe généralement d'accord que les explications des tours des Aïssâoua relèvent le plus souvent du prestidigitateur et parfois du pathologiste. Il n'est pas douteux en effet qu'il n'y ait là des faits d'insensibilité que l'hypnotisme seul peut expliquer. Telle est en particulier la conclusion d'un récent article du D<sup>r</sup> Lemanski, pour ne citer que le plus récent, qui conclut « qu'il y a jongleries très souvent et que, le reste du temps, c'est de l'anesthésie hystérique ». Il explique en particulier l'absorption de clous, de verre pilé, tessons de bouteilles et autres objets dangereux pour le tube digestif, par le *mérycisme* ou faculté bien connue qu'ont certains individus de se faire vomir à volonté. Les 'Aïssâoua qui se livrent à cet exercice se débarrasseraient ainsi, après la séance, de ces aliments indigestes (2).

(1) H'ammed est ici pour Ah'med. Cf Stumme, *Handbuch des Schilhischen von Tazeroualt*, p. 184. Cf sur les Oulâd Sidi H'ammed Ou Moûsâ, Quedenfeldt, in *Verh. d. B. anth. ges.*, 1889, p. 572 seq. Depont et Coppolani, *Confr. relig.*, les mentionnent p. 367. Il est inexact, si l'on en croit de Foucauld, *Reconnaissance au Maroc*, 1 vol. Paris 1888, que Sidi H'ammed Ou Mousa soit enterré à Merrakech. Il reposerait au Tazeroualt d'après ce voyageur (p. 342) ; ce que Quedenfeldt, *loc. cit.*, confirme d'ailleurs.

(2) D<sup>r</sup> Lemanski, *Hypnotisme et Aissoâua*, in *Revue Tunisienne*, organe de l'Institut de Carthage, 5<sup>e</sup> ann., n° 19, juillet 1898. L'auteur a visiblement démarqué par endroits, l'article précité de Delphin. Ainsi on lit, page 329 : « Le chœur vocifère dans un hurlement continuel : « Mon appui est en toi, ô ben 'Aïssa. — Mon cœur attristé ne saurait t'oublier ». Dans ce passage, le D<sup>r</sup> Lemanski a reproduit purement et simplement une traduction donnée par Delphin, *loc. cit.*, p. 337 ; mais il ne s'est pas douté que cette traduction est une inexactitude échappée à son auteur. Le texte à traduire est en effet : « 'ârî 'aleik yâ bnou 'Isâ*qalbi maridh lâ tensa » ce qui ne saurait vouloir dire que : « Mon appui est en

Les tours des Aïssâoua ont été spécialement étudiés par le célèbre Robert-Houdin qui a donné de chacun d'eux les explications les plus plausibles et les plus autorisées puisqu'il était lui-même un maître en la matière (1). Il est bien certain que les Aïssâoua ne manient les serpents et les scorpions qu'après les avoir privés de leur dard ou de leurs dents venimeuses : tout au moins épuisent-ils leur venin en les faisant mordre à plusieurs reprises dans une étoffe.

A propos de Robert-Houdin, c'est un fait peu connu qu'il reçut du Gouvernement général de l'Algérie une sorte de mission à l'effet de convaincre les indigènes que les miracles opérés par leurs marabouts n'étaient que des impostures et des tours puérils auprès de ceux qu'il accomplissait en se jouant. « On espérait, dit-il dans ses mémoires, faire comprendre aux Arabes, à l'aide de mes séances, que les tours de leurs marabouts ne sont que des enfantillages et ne peuvent plus, en raison de leur naïveté, représenter les miracles d'un envoyé du Très-Haut ; ce qui nous conduirait aussi tout naturellement à leur montrer que nous leur sommes supérieurs en toutes choses et que, en fait de sorciers, il n'y a rien de tel que les Français » (2). Le 28 octobre 1856, Robert-Houdin donna, au théâtre d'Alger, sa première représentation officielle : la salle entière était remplie d'Arabes de tous les points de l'Algérie, convoqués spécialement, avec leurs caïds, aghas et bach-aghas. Jamais prestidigitateur n'opéra devant une salle semblable.

Il faut lire dans le livre que nous avons cité le récit de

toi, ô ben 'Aïssa, — mon cœur est malade, ne m'oublie pas » Delphin ajoute que c'est le mètre ouâfir (*mofâ'alatoun* et non *mafâ'iloun*). : il ne nous semble pas qu'il y ait là un mètre classique. Delphin donne du reste des conclusions analogues à celles du Dr Lemanski.

(1) Robert-Houdin, *Confidences d'un prestidigitateur, une vie d'artiste*, 2 vol., Paris, 1859 ; ii, p. 328 seq.

(2) Robert-Houdin, *op. laud.*, p. 249-250.

cette séance pour se rendre compte de l'impression diabo
lique que produisit Robert-Houdin devant ces mulsulmans.
Nous ne pouvons résister au plaisir de citer la fin :

« A la sollicitation de quelques interprètes, un jeune
Maure d'une vingtaine d'années, grand, bien fait et revêtu
d'un riche costume, consentit à monter sur le théâtre. Plus
hardi ou plus civilisé sans doute que ses camarades de la
plaine, il s'avança résolument près de moi.

Je le fis approcher de la table qui était au milieu de la
scène, et lui montrai ainsi qu'aux autres spectateurs qu'elle
était mince et parfaitement isolée. Après quoi, et sans
préambule, je lui dis de monter dessus, et je le couvris
d'un énorme gobelet d'étoffe ouvert par le haut.

Attirant alors ce gobelet et son contenu sur une planche,
dont mon domestique et moi nous tenions les deux extré-
mités, nous nous avançons jusqu'à la rampe avec notre
lourd fardeau et nous renversons le tout....... L'Arabe
avait disparu ; le gobelet était entièrement vide (1) !

Alors commença un spectacle que je n'oublierai jamais.

Les Arabes avaient été tellement impressionnés par ce der-
nier tour, que, poussés par une terreur indicible, ils se
lèvent dans toutes les parties de la salle et se livrent instan-
tanement aux évolutions d'un sauve-qui-peut général. La
foule était surtout compacte et animée aux portes du balcon
et l'on peut juger à la vivacité des mouvements et au trouble
des grands dignitaires qu'ils sont les premiers à vouloir
quitter la salle.

Vainement l'un d'eux, le caïd des Beni Çâlah', plus
courageux que ses collègues, cherche à les retenir par ces
paroles :

« Arrêtez! Arrêtez ! nous ne pouvons laisser perdre ainsi
« l'un de nos coreligionnaires ; il faut absolument savoir

_________

(1) Ce tour est aujourd'hui bien connu du public.

« ce qu'il est devenu et ce qu'on en a fait ; arrêtez !......
« arrêtez ! »

Bast ! les coreligionnaires n'en fuient que de plus belle,
et bientôt le courageux caïd, entraîné lui-même par l'exemple
suit le torrent des fuyards.

Ils ignoraient ce qui les attendait à la porte du théâtre.
A peine avaient-ils descendu les degrés du péristyle qu'ils
se trouvèrent face à face avec le *Maure* ressuscité.

Le premier mouvement d'effroi passé, on entoure notre
homme, on le tâte, on l'interroge ; mais, ennuyé de ces
questions multipliées, il ne trouve rien de mieux à faire
que de se sauver à toutes jambes.

........ Le coup était porté ; dès lors les interprètes et
tous ceux qui approchèrent les Arabes reçurent l'ordre de
travailler à leur faire comprendre que mes prétendus miracles n'étaient que le résultat d'une adresse, inspirée et
guidée par un art qu'on nomme prestidigitation, et auquel
la sorcellerie est tout à fait étrangère » (1).

Ceux qui entreprirent cette tâche réussirent-ils ? Nous
nous permettrons d'en douter. Robert-Houdin passa tout
simplement pour un sorcier extraordinaire et nous ne
croyons pas que ses séances eurent un autre résultat. Ceux
qui avaient organisé cette mission n'avaient évidemment pas
suffisamment réfléchi que les peuples enfants, comme le
sont les indigènes algériens, sont beaucoup moins choqués
que nous par les choses surnaturelles. Ou pour mieux dire
ils ne font pas la distinction que nous faisons entre le naturel
et le surnaturel : la notion de l'immutabilité des lois de la
nature ne leur est pas familière. La sorcellerie est pour eux
une chose admise, et dès lors il devient bien plus simple
pour eux d'attribuer un phénomène qui les étonne à quelque puissance occulte que d'en donner une explication
scientifique : il faut dire aussi que dans beaucoup de cas

(1) Robert-Houdin, *op. laud.*, p. 273-275.

ils seraient impuissants à comprendre cette dernière.
D'autre part les croyances populaires, chez les musulmans
de l'Afrique du Nord, nous représentent comme des magi-
ciens, ou même des sortes de génies. Ajoutons enfin que
les indigènes algériens ont aussi leurs prestidigitateurs :
mais ils passent ici pour des sorciers de bon aloi ; c'est surtout au Maroc que cette prétendue science qui consiste à opé-
rer des métamorphoses et des escamotages est répandue. On l'y
appelle, comme en Algérie du reste, la *khanqat'îra* (1). Le
Maroc pour les Algériens a toujours été la terre des sorciers,
comme la Thessalie pour les Grecs. Souvenons-nous de ce
qu'était à cet égard notre Moyen-Age, et nous serons indul-
gents pour les Africains d'aujourd'hui.

Oran, 20 mai 1900.

Edmond DOUTTÉ.

(1) Cherbonneau, *Définition lexicographique de plusieurs mots
usités dans le langage de l'Afrique septentrionale*, in *Journ.,
Asiat.*, 1849, i. Sur la Khanqat'ira, voy. d'intéressants détails
dans Mouliéras, *Maroc inconnu*, i, p. 53-54.

# ADDITION ET CORRECTIONS.

Note. — L'inexpérience des typographes châlonnais est cause que quelques confusions se sont introduites dans la transcription des mots arabes ; les orientalistes les corrigeront d'eux-mêmes sans difficulté, et voudront bien nous excuser. D'autre part, cette imperfection ne sera point sensible aux personnes non arabisantes.

Page 11, l. 13, *au lieu de :* « dans », *lisez* « devant ».

Page 14, l. 5. Au cours d'un récent voyage au Maroc, les Aïssâoua nous ont paru être moins dangereux qu'il n'est coutume de le dire.

Page 17, l. 7, *au lieu de :* « c'est », *lisez* « vers ».

Page 25, l. 2, *au lieu de :* « 'Allyya », *lisez* « 'Aliyya ».

    Id.    l. 6, *au lieu de :* « H'amadcha », *lisez* « H'anadcha ». D'ailleurs l'orthographe de Quedenfeldt signalée dans la note est la véritable.

    Id.    n. 5, l. 2, *lisez* « Deghoûghiyyîn ».

www.ingramcontent.com/pod-product-compliance
Lightning Source LLC
Chambersburg PA
CBHW051344060726
47596CB00004B/1761